Charlie Chaplin –
Das Leben mit Humor nehmen

… wie lächerlich es ist, ein erwachsener Mensch zu sein, der sich ernst nimmt. —*Kurt Tucholsky*

Der Text über Charlie Chaplin, aus dem dieses Zitat stammt, heißt *Der berühmteste Mann der Welt* u[illegible]922 von Tucholsky veröffentlicht. Der [illegible]e Ahnung davon, wie groß Ch[illegible]ht nur ein Volksheld, s[illegible]ll auf der Welt. Bewun[illegible]ir seinen Charme und [illegible] verfemt von wenigen [illegible]
Was macht di[illegible] einer Inspiration? Chaplin steht f[illegible]Maske, die Kostümierung, die urkomische [illegible]und Mimik, die seine Figuren durch ihre Abenteuer begleiten. Doch die Komik war nur sein Vehikel, die Rolle des kleinen Tramps – des Vagabunden – nur ein geniales Medium.

Chaplin war ein Gesellschaftskritiker, ein politischer Kommentator, ein großer Humanist. Was er über das Leben wusste und zum Gegenstand seiner Filme machte, hat er nicht in Hollywood gelernt. Sondern in den Armenhäusern Londons, in denen er vorwiegend aufwuchs; aus den Skandalen um seine Person; aus dem politischen und sozialen Grauen seiner Epoche.

Dennoch drehte er keine Tragödien, sondern Komödien. Auf der Leinwand lachte er stellvertretend für sein Publikum dem Leben ins Gesicht. Charlie Chaplin, dessen Erfolge jeder Beschreibung spotteten, wusste Ungerechtigkeiten die Stirn zu bieten. Auch du kannst das Leben mit Humor nehmen.

—Gerd König

Chaplin als Tramp, 1917

Wunsch zur Inspiration

Menschen, die Ungewöhnliches bewirken, stecken an. Ihr Antrieb, ihre Motivation und Leidenschaft inspirieren uns. Wenn du dich mit ihnen beschäftigst, kannst du entdecken, wie sie die Veränderung in ihrer Welt bewirkt haben. Und dich von ihnen anregen und herausfordern lassen.

- Nicht jeder ist ein *Gandhi*, aber jeder kann sich für ein klein wenig mehr Gerechtigkeit einsetzen.
- Nicht jeder ist eine *Mutter Teresa*, aber jeder kann durch Zuwendung menschliche Wärme schenken.
- Nicht jeder ist ein *van Gogh*, aber jeder kann kreativ und schöpferisch die Welt neu interpretieren.
- Nicht jeder ist eine *Sophie Scholl*, aber jeder kann Zivilcourage im eigenen Umfeld üben.

Dieses Impulsheft kann eine Anregung für dich sein, selbst zu handeln. Lass dich bewegen.

Leistung

Vom Armenhaus in den Filmolymp

1

Ruhm hat nichts mit Popularität zu tun. Popularität hält manchmal nur von einem Klatsch zum nächsten. —Charlie Chaplin

Eine ganze Ära zu prägen – das haben nur wenige in ihrer Kunst geschafft. In der Geschichte des Filmschaffens wohl keiner so sehr wie Charlie Chaplin. Die Frage nach seiner Lebensleistung beantwortet sich scheinbar von selbst: Welches andere Gesicht steht im selben Maße sinnbildlich für den Stummfilm?

Betrachtet man Chaplins Lebenswerk genauer, ist diese ikonenhafte Stellung Segen und Fluch zugleich. Auf einen Bruchteil ihrer Errungenschaften reduziert zu werden, ist das Schicksal vieler der ganz Großen. Bei Schauspielern ist es oft die eine epochale Rolle, auf die ihr Andenken für alle Zeiten festgelegt zu sein scheint. Bei Chaplin ist es der Tramp – der verarmte Landstreicher mit Melone und Gehstock.

Charlie Chaplin um 1920

Für Chaplin war der Tramp ein frühes Sprungbrett. Die Rolle stammt aus seiner Zeit bei den Keystone Studios – seinem ersten Engagement bei einer Filmproduktionsfirma. Da war er 25. Er blieb nicht einmal ein Jahr bei Keystone. In dieser Zeit drehte er 35 Kurzfilme ab – mehr Titel als viele berühmte Schauspieler heute in ihrem ganzen Leben. Im Laufe der Jahrzehnte wurden Filme komplexer und Chaplins Ansprüche immer höher. Deshalb zählt seine Filmografie nicht mehr als insgesamt »nur« 92 Titel.
Noch eindrucksvoller wirkt seine Produktivität in jungen Jahren, wenn man bedenkt, dass ihm seine Rollen nicht einfach auf den Leib geschneidert wurden. Den Tramp entwickelte er selbst. Chaplin war nicht nur Schauspieler – er war in den meisten seiner Filme schon damals gleichzeitig sein eigener Regisseur und Autor. Seine Karriere verlief nicht zuletzt deshalb in atemberaubendem Tempo, weil er enorm hart daran arbeitete.

Der Armut zum Trotz

Chaplin ist das Paradebeispiel eines Freigeists. Er erkämpfte sich große künstlerische Spielräume, noch bevor der Erfolg es ihm finanziell gestattete. Die Bedingungen seiner Kunst ließ er sich von niemandem vorschreiben. Nichts konnte ihn in Engagements halten, die ihn nicht erfüllten. Dabei hatte er viel zu verlieren.

Während seiner Kindheit war Chaplin ein regelmäßiger Gast in den Armenhäusern Londons. Er entsprang einer Künstlerehe. Kurz nach seiner Geburt trennten sich seine Eltern. Die Mutter musste aufgrund psychischer Probleme ihre Arbeit aufgeben, als Charlie sieben Jahre alt war. Die Unterhaltszahlungen des Vaters blieben häufig aus.

Das Etikett ›amerikanischer Traum‹ ist fast eine Nummer zu klein für die Karriere, die Chaplin sich als Weg aus der Armut aufbaute: Bereits mit Mitte 20 hatte er es zu einem der bestbezahlten Schauspieler seiner Zeit gebracht.

Chaplin mit Chaplin-Puppe, 1918

Im Namen der Kunst

Auch nach heutigen Maßstäben war Chaplin ein Superstar. Schon 1915 gab es Chaplin-Puppen, sogar Comics und Lieder über ihn. 1916, nur gut zwei Jahre nach Beginn seiner Filmkarriere, reiste er nach New York zu einer Vertragsunterzeichnung. Er wurde dort von einer riesigen jubelnden Menschenmenge erwartet.

Doch Chaplin selbst hatte eher seine Filme als seine Vermarktung im Sinn. Er wählte seine Partner danach aus, ob sie ihm die Zeit und den Freiraum für die Entwicklung seiner Visionen gaben. In den letzten 44 Jahren seiner Laufbahn machte er nur noch 13 Filme.

Chaplin betrieb, ungeachtet der zunehmenden Kommerzialisierung der Filmkunst, Downsizing. Sein Beispiel zeigt: Wenn du dich auf das konzentrierst, was du liebst, stellt sich Anerkennung von selbst ein. Erfolg ist keine Berufung, sondern eine Folge von Leidenschaft.

Prägnanz

Die Sprache der Gefühle

2

Jeder Tag, an dem du nicht lächelst, ist ein verlorener Tag.
—Charlie Chaplin

Chaplins Fähigkeit, Menschen zum Lachen zu bringen, ist unerreicht. Kurt Tucholsky hat versucht, sich dem Geheimnis seiner Komik anzunähern: »Womit er das alles erreicht, ist völlig unbegreiflich. Manchmal nur mit einer kleinen Bewegung – er kann mit den Schultern weinen … Und er bewegt sich nicht, und man hört ihn jeden Gedanken denken.«

Nicht nur Tucholsky ist daran gescheitert, Chaplins Geheimnis zu ergründen. Manche warfen dem Pantomimen Rückständigkeit vor, weil er sich noch lange weigerte zu sprechen, als die Filmtechnik ihm längst die Möglichkeit dazu bot. Doch Chaplins Genie bestand genau darin, keine Worte zu brauchen. Seine Filme sind so universell wie ein Lachen: Die ganze Welt kann sie verstehen.

Ein Hundeleben, 1918

Vor der Kunst sind alle gleich

Noch bis 1940 verzichtete Chaplin aus freien Stücken darauf, im Film zu sprechen. Das verdeutlicht, was seine Filme zu Kunstwerken macht: Er greift nicht ein in die Interpretation seiner Zuschauer. Einen Film von Chaplin füllen wir mit unseren eigenen Vorstellungen. Vielleicht ist es das, was Tucholsky meinte, und weshalb Chaplin vielen Kritikern durch die Finger glitt: Der Pantomime auf der Leinwand lässt uns glauben, dass wir ihn denken hören. Doch eigentlich sind wir es selbst, die da denken.
Diese Offenheit für die Wahrnehmung der Zuschauer lässt Chaplins Filme auf den ersten Blick so simpel erscheinen. Auf den zweiten Blick liegt darin ihre tiefe Menschlichkeit: Dass wir alle ihn verstehen, liegt daran, dass wir alle dieselbe Sprache der Gefühle sprechen. Seine Figuren brauchen keine Worte, um sich einander anzunähern – oder um sich voneinander abzugrenzen.

Mit dem Herzen sehen

Chaplin konnte sich auch ohne Worte auf viele Talente berufen. Der gelenkige kleine Mann mit der albernen Maskerade hat Emotionen sichtbar gemacht. Sein Stil war das Pathos, und er beherrschte es in allen Nuancen. Buster Keaton, der andere große Name der Stummfilmära, spielte im Vergleich zu Chaplin kühl und intellektuell.

Chaplin setzte stets auf das große Gefühl: Als enttäuschter Liebhaber leidet er jämmerlich, seine Freude über einen Streich ist die eines kleinen Kindes.

Chaplin gab den Menschen der Weltkriegsjahre zurück, was die kalte Realität der Moderne ihnen geraubt hatte: das ganze Spektrum der Gefühle und das Recht auf Heiterkeit. Denen, die unter der Last der Geschichte erdrückt wurden, galt Chaplin als Lichtgestalt. Bei ihm durften sie lachen. Was die Kriegstrümmer verschüttet hatten, kam durch ihn wieder zum Vorschein: die amüsante Seite des Lebens.

Der große Diktator, 1940

Comic Relief

Bis zu *Der große Diktator* (1940) widersetzte sich Chaplin vehement der Ernsthaftigkeit. Das heißt nicht, dass seine Filme sich der Realität entzogen. Die Kunst hat mehrere Möglichkeiten, einer tragischen Wirklichkeit wie dem Krieg oder den unmenschlichen Auswüchsen der Industrialisierung gerecht zu werden. Zum einen kann sie sie realistisch abbilden und zu interpretieren versuchen. Zum anderen kann sie eine Alternative als Fluchtpunkt anbieten, die Hoffnung schenkt.

Chaplin konterte die Ohnmacht des modernen Menschen mit der Überlebensstrategie Humor. Er legte immer wieder den Finger in die Wunden seiner Zeit und schrak nie vor den großen Themen zurück. Doch er gab sie in all ihrer Schwere der Lächerlichkeit preis. Er schenkte dem Publikum Erleichterung, indem er sich weigerte, die Leichtigkeit aufzugeben – und auch das Böse persiflierte.

Erfolgsrezept

Selbstachtung statt Zeitgeist

3

Filmemacher sollten bedenken, dass man ihnen am Tag des Jüngsten Gerichts all ihre Filme wieder vorspielen wird.
—Charlie Chaplin

Wie kann einer zu den am meisten respektierten Köpfen seiner Zeit aufsteigen, ohne große Worte zu machen wie die Philosophen und die Schriftsteller?
Chaplins Erfolg gründet auf seiner tiefgreifenden Lebenserfahrung. Er konnte menschliche Regungen so unverkennbar nachahmen, weil er sie selbst durchlebt hatte. Der Tramp bildet alles ab, was Chaplin in seinem Leben widerfahren war: Er ist ein armer Landstreicher, doch er trägt die Melone und den Gehstock des Gentlemans aus der besseren Gesellschaft. So war Chaplin: Er war vom Niemand zum Weltstar aufgestiegen, und trug beides in sich. Nur wer sich an das hält, was er aus eigener Erfahrung kennt, kann andere wirklich überzeugen.

Der Vagabund und das Kind, 1921

Das Genie und sein Medium

Noch das größte Genie bleibt unerkannt, wenn es ihm an einem Medium für seine Kunst fehlt. Chaplins Genre war der Film. Doch sein wirkliches Medium war seine Maske, die ihn nahezu unverändert bis in die Vierzigerjahre begleitete: das weiß geschminkte Gesicht des Pantomimen, der Zweifingerbart und die unverwechselbare Kostümierung.
Diese Maske war Chaplins Leinwand, und Chaplin durch sie eine wandelnde Karikatur. Sie war so komisch, dass sie jeden mimischen Ausdruck, jedes Achselzucken und jeden Schritt in den übergroßen Schuhen zu einer Pointe erhob. Sie erlaubte es ihm, Aufmerksamkeit auf jede Regung zu lenken, die der Mensch zu zeigen fähig ist.
Gute Absichten allein reichen nicht aus, um etwas in der Welt zu verändern. Dazu brauchen wir auch ein Medium. Chaplin hatte mit seiner Maske eine ganz individuelle Art, seine Botschaften zu transportieren.

Dem Zeitgeist zum Trotz

Chaplin hatte keine Scheu, sich Einflussnahmen zu widersetzen, wenn seine Werte attackiert wurden.
Er bestand auf seiner künstlerischen Vision, als ihm Rauswurf und Rückkehr in die Armut drohten. Er hielt der Stummfilmkomödie auch dann noch die Treue, als er dafür belächelt wurde. Als prominente amerikanische Patrioten Anstoß an seinem Lebenswandel und an seiner liberalen, pazifistischen Haltung nahmen, erklärte er »Hollywood und seinen Bewohnern den Krieg«. Chaplin wurde mehrfach eine antiamerikanische Gesinnung unterstellt. Auch in seiner Heimat England wurde sein Patriotismus offen angezweifelt. Dennoch machte er weiterhin gesellschaftskritische Filme. Das Publikum bewunderte ihn für seine Widerstandsfähigkeit – dem Zeitgeist zum Trotz.
Weil er sich treu blieb, konnte er weitermachen, bis der Erfolg ihm Recht gab.

Erfolgsfaktor Selbstliebe

Chaplin glaubte unbeirrbar an das Gute im Menschen. Von seiner Nächstenliebe ließ er sich auch angesichts der historischen Gräueltaten seiner Epoche, persönlichen Anfeindungen und der Gier vieler Nachahmer nicht beirren. Kinder, mit ihrer ungebrochenen Gefühlswelt und ihrer Fähigkeit zu bedingungsloser Liebe, waren ihm die liebsten Kritiker. Er wurde elfmal Vater.

Chaplin wusste jedoch vor allem um das Potenzial der Selbstliebe. 1959, in der Rede zu seinem 70. Geburtstag, sagte er: »Als ich mich wirklich selbst zu lieben begann, habe ich verstanden, dass ich zu jeder Zeit und in jeder Situation am richtigen Ort bin, und dass alles, was geschieht, richtig ist. Und da konnte ich ruhig sein. Heute weiß ich, das nennt sich Selbstachtung.«

Chaplin konnte an seine Ziele glauben und in Freiheit handeln, weil er lernte, sich selbst zu lieben.

Kraftquelle

Das Leben – eine Komödie

4

Das Leben ist eine Tragödie in der Nahaufnahme, aber eine Komödie in der Totalen. —Charlie Chaplin

Chaplins entbehrungsreiche Kindheit entpuppte sich in seinem späteren Leben als Quelle der Weisheit und der Kraft. Es klingt paradox, doch es war nicht zuletzt die Armut, die ihn erfolgreich gemacht hat. Als er selbst längst den existenziellen Ängsten entwachsen war, dienten gerade sie ihm als Inspiration.

Der Biograf Stephen Weissman hat analysiert, wie sich in Chaplins Filmen immer wieder Erfahrungen aus seiner Kindheit niederschlugen. In *Goldrausch* beobachten wir, wie der Hunger seine Figur schier in den Wahnsinn treibt. In *Moderne Zeiten* wird der Obdachlose, den er spielt, von der Geschwindigkeit der Arbeit am Fließband ins Irrenhaus gebracht. All das kannte Chaplin von seiner verarmten, kranken Mutter, die als Näherin arbeiten musste.

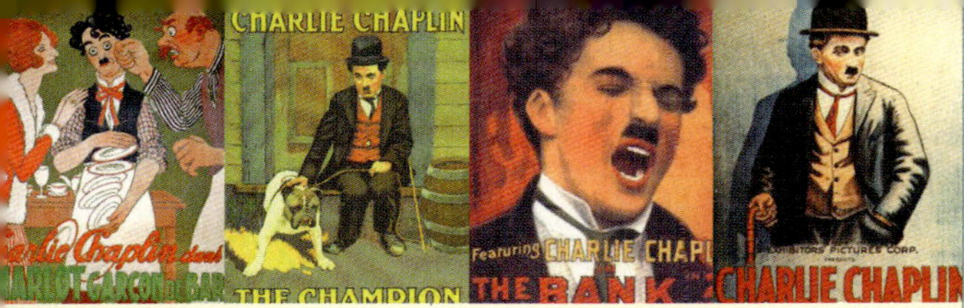

Chaplin brachte mit diesen sehr realen Erfahrungen die Menschen jedoch nicht zum Weinen, sondern zum Lachen. Indem er ein anderes Licht auf die dunklen Seiten des Lebens warf, konnte er sie zu seinem Vorteil wenden.
Als erwachsener Mensch erkannte er, dass die Tragödien des Lebens, aus der Vogelperspektive betrachtet, auch als Komödien interpretiert werden können.
Der Humor wurde zu Chaplins Überlebensstrategie. Alles Schreckliche, das ihm widerfuhr und das seine Epoche hervorbrachte, verarbeitete er in seinen Filmen. Die Komik war seine Art, dem Leben ein Schnippchen zu schlagen.
In seiner Autobiografie schrieb er: »Beim Schaffen einer Komödie ist es paradox, dass das Tragische oft das Lächerliche hervorbringt, weil das Lächerliche eine Haltung des Trotzes ist: Entweder müssen wir unserer eigenen Hilflosigkeit gegenüber den Naturkräften ins Gesicht lachen – oder verrückt werden.«

Hürden

Bedeutende Männer haben große Feinde

5

An den Scheidewegen des Lebens stehen keine Wegweiser.
—Charlie Chaplin

Die Armut prägte Chaplins Kindheit. Später hatte er stattdessen mit den Widrigkeiten zu kämpfen, mit denen Personen von öffentlichem Interesse sich auseinandersetzen und leben lernen müssen.
Der amerikanischen Regierung galt der enorm populäre Chaplin als verdächtig, weil er auch die ausbeuterischen Auswüchse des amerikanischen Kapitalismus parodierte. J. Edgar Hoover, der legendäre Chef des FBI, war ein erbitterter Gegner des politisch denkenden Superstars.
1952 nutzte Hoover eine England-Reise Chaplins, um dessen Wiedereinreisegenehmigung in die USA widerrufen zu lassen – denn Chaplin hatte immer noch einen britischen Pass. Daraufhin beschloss er, in Europa zu bleiben, und ließ sich am Genfer See in der Schweiz nieder.

Oona O'Neill Chaplin und Charlie Chaplin in Hollywood, 1944

Auch mit seinem Lebenswandel erregte Chaplin großen Anstoß in konservativen Kreisen. Die Boulevardpresse ließ ihn nicht aus den Augen. Schon Chaplins erste Ehe verlief unglücklich, und zwei weitere Ehen wurden unter großem öffentlichem Aufsehen geschieden. 1943 heiratete er schließlich Oona O'Neill, mit der er bis zu seinem Tod glücklich war.
Chaplins Erfolge riefen zahlreiche Nachahmer auf den Plan, gegen die er sich auf juristischem Wege zur Wehr setzte. Bereits 1917 verklagte er mehrere Filmstudios, die Filme mit Chaplin-Imitatoren produziert hatten.
Den deutschen Nationalsozialisten galt Chaplin als Feindbild; sie bezeichneten ihn fälschlicherweise als Juden. Chaplin bewies Größe: Aus Solidarität mit den Juden stellte er den Irrtum erst viel später richtig. Mit *Der große Diktator*, einer Satire auf Adolf Hitler, kommentierte er 1940 unerschrocken jene Ideologie, die die Welt bedrohte.

Unterstützer

Erfolg hat man nie allein

6

Einen sicheren Freund erkennt man in unsicherer Sache. —Cicero

In Chaplins Jugend war sein älterer Bruder Sydney sein wichtigster Weggefährte. 1906 verabschiedete sich Chaplin von seinem Dasein als Ensemble-Darsteller. Er beschloss, zukünftig als Solodarsteller zu arbeiten. Daraufhin war er zunächst für einige Zeit arbeitslos. Er trat erfolglos in einem der Theater im Londoner East End auf, die damals als Sprungbrett für die großen Theater im West End galten. In dieser Zeit kam Sydney, der bereits ein Engagement im West End hatte, für seine Lebenskosten auf.

Sydney schaffte es schließlich, seinem kleinen Bruder ein Vorsprechen bei seinem Chef Fred Karno zu besorgen, bei dem Charlies Aufstieg als Komiker begann. Schon bald wurde er zum allseits geliebten und bewunderten Star der Truppe. Dass sein Bruder in der Not an ihn glaubte, war Chaplins Steigbügel zum Erfolg.

Chaplin und Oona O'Neill mit sechs ihrer Kinder, 1961

Als Chaplin ein Star geworden war, war er nie wieder auf finanzielle Unterstützung angewiesen. Doch das Leben im Rampenlicht war voller Hürden, und häufig hatte er Beistand dringend nötig. Er war oft deprimiert, wenn künstlerische Rückschläge seinen Schaffensdrang lähmten oder die Presse ihm negative Schlagzeilen bescherte.
Seine vierte Frau Oona O'Neill wurde trotz ihrer Jugend zu Chaplins größtem Rückhalt. In seiner Autobiografie schrieb er über sie: »Immer konnte sie mit den Augen des anderen sehen«. Schon vor der Hochzeit wurde die junge Frau mit der hässlichen Seite des Ruhms konfrontiert: Eine frühere Geliebte ihres Zukünftigen gab ihn als Vater ihres Kindes aus. Oona heiratete Chaplin dennoch und hielt ihm bis zu seinem Tod die Treue. Als er mit seiner langjährigen Wahlheimat Amerika brach und sich in der Schweiz niederließ, gab sie sogar ihre amerikanische Staatsbürgerschaft für ihn auf.

Kreise ziehen

Der große Humanist

7

Ob Weiser oder Narr, wir alle müssen mit dem Leben ringen.
—Charlie Chaplin

Zu seiner Zeit war Charlie Chaplin das Maß vieler Dinge. Aus der langen Reihe an Stars in seiner Epoche ragt er hervor wie kein anderer. Sein Ansehen in der Gesellschaft – und damit ist nicht nur die amerikanische oder englische gemeint, sondern eine weltweite Öffentlichkeit – war so immens, dass es einige der mächtigsten Männer der Welt in Sorge versetzte.
Will Rogers, ein Komiker indianischer Herkunft und Zeitgenosse Chaplins, sagte über ihn: »Chaplin ist bei den Zulus besser bekannt als die Garbo in Arkansas.«
Noch heute kennen sehr viele Menschen das Gesicht und den Namen Chaplins, auch wenn sie seine Filme nicht gesehen haben. Er ist präsent geblieben wie nur wenige Schauspieler, nachdem ihre Zeit vorüber ist.

United Artists Gründer Douglas Fairbanks, Mary Pickford, Chaplin und D.W. Griffith, 1919

Chaplin, der Künstler

Chaplins Ruhm beruht auch darauf, dass er die Grenzen seiner Kunst sprengte. War der frühe Film oft auf Moral und Schönheit bedacht, mutete Chaplin seinem Publikum die Welt in all ihren Facetten zu – die hässlichen eingeschlossen. Das Kino wurde bei ihm zu einem Forum alles Menschlichen, die Filmkunst von der Unterhaltung zum komischen Spiegel der Gesellschaft.

Stand Chaplin dem technischen Fortschritt auch skeptisch gegenüber, war er dennoch beispiellos kreativ und geschäftstüchtig. Niemandem vor ihm war es gelungen, mit einer Rolle so identifiziert zu werden, wie er mit dem kleinen Tramp.

Vor allem jedoch hatte kein Filmschaffender vor ihm das Kino so populär gemacht. Wohl niemand sonst hätte den Stummfilm noch über sein Verfallsdatum hinaus in die Ära des Tonfilms retten können.

Chaplin, die Ikone

Chaplin gilt bis heute als berühmteste Figur der Filmgeschichte überhaupt. Den Ehren-Oscar bekam er 1972 »für seinen unschätzbaren Anteil daran, dass der Film zur Kunstform des 20. Jahrhunderts wurde«. Nicht nur in seinem Schweizer Wohnort steht ein Denkmal des kleinen Tramps. Sogar in Deutschland zierte er bereits eine Briefmarke. Beim internationalen Fernsehfestival Rose d'Or wird ein Chaplin-Preis für den komischsten Film verliehen. Unter dem Titel *Chaplin* (1992) wurde seine Lebensgeschichte selbst zu einem Hollywood-Film.

Laut seiner Tochter Geraldine war Chaplin, trotz aller Skandale um seine Person, gern berühmt. Sein wichtigster Antrieb war jedoch ein anderer. 1952 sagte er bei der Premiere von *Rampenlicht*, in dem er einen alternden Clown spielt, vor Journalisten: »Wenn mein Publikum darin ein wenig Menschentum findet, so bin ich gut belohnt.«

Chaplin, der Humanist

Selbst ein Ausnahmekünstler wie Chaplin hätte keine derart nachhaltige, weltweite Beachtung als Persönlichkeit erlangen können, wenn es ihm an einer Botschaft gefehlt hätte. Unter all den Lichtern, mit denen er das Dickicht seiner Zeit ausgeleuchtet hat, scheint jenes am hellsten, das aus den Schatten seines Lebens erwuchs: Chaplin war Menschenfreund aus Erfahrung. Seine Tochter Geraldine nannte den kleinen Tramp »die Verkörperung eines Humanismus, der sich nicht kleinkriegen lässt«.

Chaplin half seinen Zeitgenossen und kann uns noch heute helfen, durch die Untiefen des Lebens zu navigieren.

Der große Humanist führt seinem Publikum die Gabe der Komik vor Augen. Ganz Mensch, nicht Ikone, stellt er sich auf der Leinwand der Herausforderung, als kleiner Teil der großen Maschine nicht selbst zur Maschine zu werden, sondern Mensch zu bleiben.

Mini-Biografie

1889 Geboren am 16. April als Charles Spencer Chaplin in London, wächst Chaplin v. a. in Waisenhäusern auf

1906 Chaplin beginnt bei den London Comedians als Pantomime zu arbeiten und mit dem Ensemble zu reisen

1914 Erste Rollen als Stummfilmdarsteller bei den Keystone Studios, bald darauf Durchbruch als Kino-Star

1915 Umzug nach Hollywood und Premiere von *Der Tramp*, der den Titel seiner Paraderolle trägt

1919 Chaplin gründet gemeinsam mit weiteren Schauspielern die Filmgesellschaft United Artists

1921 Premiere von *Der Vagabund und das Kind* und Beginn einer Europa-Reise, die Chaplin im Roman *My Trip Abroad* beschreibt

1925 Premiere von *Goldrausch*

1936 Premiere von *Moderne Zeiten*

1940 Premiere seines ersten Tonfilms *Der große Diktator*, einer satirischen Parodie auf den Faschismus

1943 Heirat mit Oona O'Neill, seiner vierten Frau; parallel beginnt der Skandal um eine Vaterschaftsklage durch Joan Barry, der sich über fünf Jahre hinzieht

1947 Chaplin muss wegen Kommunismusverdachts vor dem »Komitee für unamerikanische Umtriebe« aussagen

1952 Widerruf von Chaplins Wiedereinreisegenehmigung in die USA; Premiere von *Rampenlicht* in London

1953 Chaplin lässt sich dauerhaft in Corsier-sur-Vevey in der Schweiz nieder und arbeitet fortan in Europa

1957 Premiere von *Ein König in New York*

1964 Veröffentlichung von Chaplins Autobiografie *Die Geschichte meines Lebens*

1972 Verleihung des Oscars für Chaplins Lebenswerk und endgültige Rehabilitation in den USA

1975 Chaplin wird von Königin Elizabeth II. geadelt

1977 Am 25. Dezember stirbt Chaplin im Alter von 88 Jahren in seinem Schweizer Anwesen im Schlaf

Was mir wichtig wurde